MINISTÈRE
DES TRAVAUX PUBLICS, DES POSTES ET DES TÉLÉGRAPHES

PORTS MARITIMES
DE LA FRANCE

NOTICE COMPLÉMENTAIRE

SUR

LE PORT DE LA COTINIÈRE

MODIFICATIONS SURVENUES DE 1884 À 1910

PAR M. LUTTON

INGÉNIEUR DES PONTS ET CHAUSSÉES

PARIS

IMPRIMERIE NATIONALE

MDCGCCX

PORT DE LA COTINIÈRE

MINISTÈRE
DES TRAVAUX PUBLICS, DES POSTES ET DES TÉLÉGRAPHES

PORTS MARITIMES
DE LA FRANCE

NOTICE COMPLÉMENTAIRE

SUR

LE PORT DE LA COTINIÈRE

MODIFICATIONS SURVENUES DE 1884 À 1910

PAR M. LUTTON

INGÉNIEUR DES PONTS ET CHAUSSÉES

PARIS
IMPRIMERIE NATIONALE

—

MDCCCCX

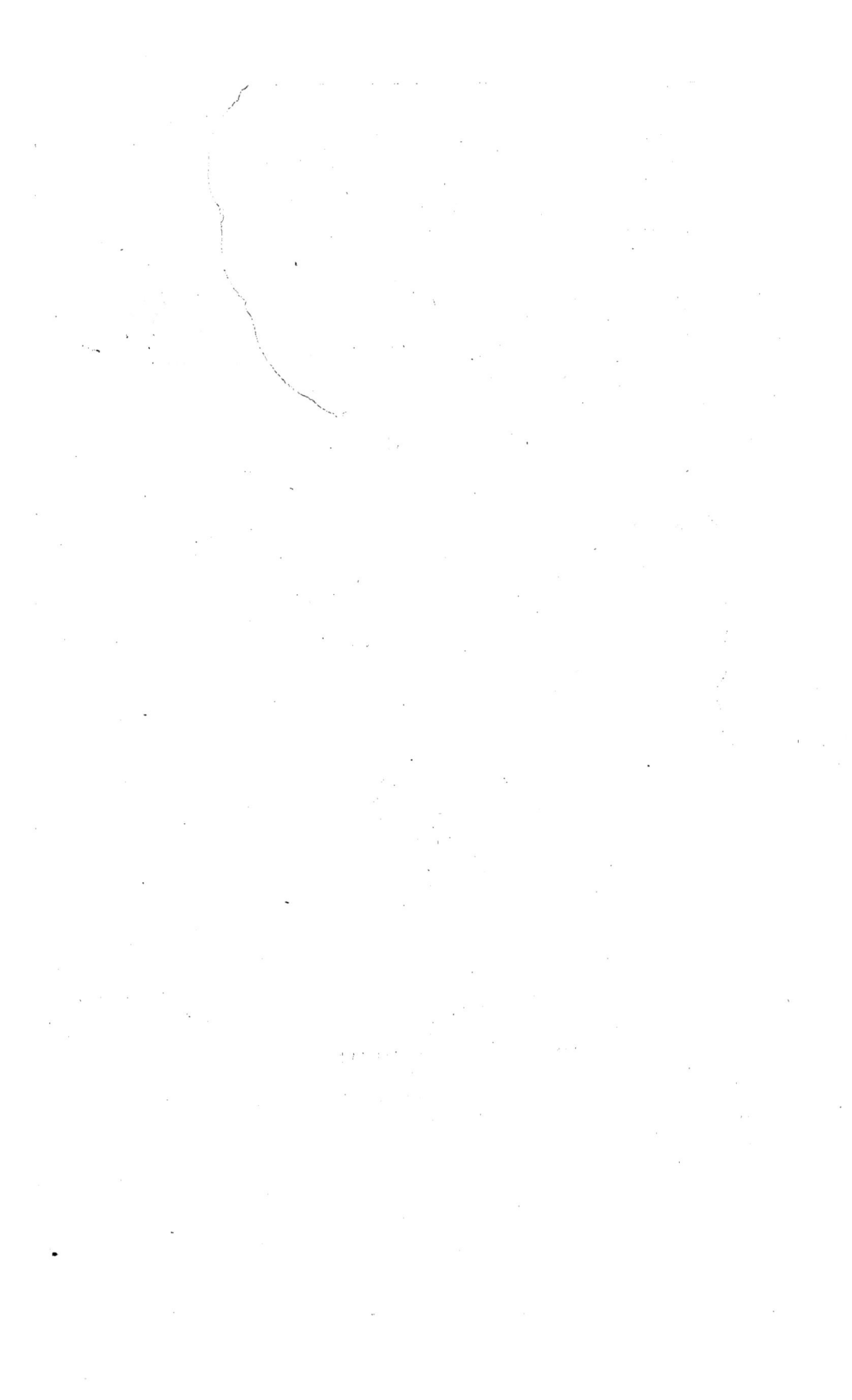

PORT DE LA COTINIÈRE.

————————⟶⟿⟵————————

CHAPITRE PREMIER.

RENSEIGNEMENTS GÉOGRAPHIQUES ET HYDROGRAPHIQUES.

Le port de la Cotinière est situé sur la côte occidentale de l'île d'Oléron, par 3°34′3o″ de longitude Ouest et 45°55′ de latitude Nord. La direction générale de cette côte est N. O.-S. E., mais à la Cotinière elle se retourne franchement vers l'Est pour prendre sur une certaine longueur la direction Ouest-Est; le port est ainsi abrité naturellement des vents du N.-E. par des dunes qui le dominent entièrement.

En avant du port s'étendent deux plateaux rocheux laissant entre eux un passage orienté N. N. E.-S. S. O., qui forme l'entrée du port. Le fond du port, formé de rocher recouvert d'une faible épaisseur de sable, est sensiblement horizontal et à la cote (+ 2,75); il y monte en vives eaux 3ᵐ,5o d'eau et en mortes eaux 2ᵐ,5o.

Les vents du S. O. sont les plus fréquents; par beau temps, ils remontent au Nord et par mauvais temps tournent au Sud; le port est abrité contre ces vents par une jetée en maçonnerie orientée N. O.-S. E.

La direction du courant de flot à l'entrée est Ouest-Est; celle du courant de jusant, en sens contraire; l'étale dure environ 3o minutes.

CHAPITRE II.

HISTORIQUE.

La Cotinière n'a offert pendant longtemps aux bateaux qu'un mouillage naturel permettant, grâce au changement de direction de la côte en ce point, de mettre les embarcations un peu à l'abri de la mer en les hissant sur le sable de la plage.

En 1840, les habitants, désirant améliorer cette situation, demandèrent l'autorisation d'exécuter une jetée en pierres sèches destinée à mettre le port à l'abri des vents du S. O. Cette autorisation leur fut accordée et, peu à peu, une jetée fut construite à l'aide de pierres provenant des rochers de l'entrée du port, qui se trouvait ainsi améliorée du même coup. Mais cette jetée était insuffisante; de nombreuses demandes de classement du port furent adressées au ministère des Travaux Publics; elles furent toujours repoussées, «le port paraissant d'entrée trop difficile pour permettre d'espérer que les grosses dépenses à y effectuer eussent dans l'avenir une utilité appréciable».

Cependant, en 1862, la Marine, intéressée au port de la Cotinière, qui servait de refuge aux pilotes de la région en cas de mauvais temps, accorda une subvention de 4.000 francs. Cette subvention, continuée jusqu'en 1867, permit, avec le concours des habitants, de prolonger la jetée commencée, d'en construire une plus petite à l'emplacement actuel du petit épi du Colombier et d'établir un quai de chargement et de déchargement; un épi, dit épi de la Loge, fut également construit à l'Ouest du port pour arrêter la propagation des sables. De plus, sur la demande des pilotes de la Gironde, le port fut balisé et un canot de sauvetage y fut attaché.

Malheureusement, les ouvrages ainsi construits étaient peu solides; détériorés à maintes reprises par les tempêtes, ils furent à peu près complètement ruinés en 1870. Des demandes de subvention pour leur reconstruction furent repoussées; à l'abri des parties restantes, inutiles pour la protection des bateaux, le sable s'accumula et, de 1874 à 1877, les habitants durent démolir à leurs frais ces restes, pour permettre à la mer de balayer le sable qui menaçait d'envahir tout le port.

Malgré cet état précaire, le port de la Cotinière, étant le seul point d'abri sur la côte Ouest de l'île, continuait à être fréquenté par les pilotes de Bordeaux et de la Rochelle et par de nombreux bateaux de pêche se livrant surtout à la pêche de la sardine. L'importance de cette fréquentation devint telle, vers 1887-1888, que le ministère des Travaux Publics se décida, sur la demande des intéressés, du Conseil général de la Charente-Inférieure, de la Chambre de commerce de Bordeaux, à prendre en considération un avant-projet de construction d'une jetée-abri de 245 mètres de longueur. Le projet fut définitivement approuvé en 1889 et les travaux furent exécutés en 1891-1892; les dépenses s'élevèrent à 89.015f,44, ainsi répartis :

Travaux Publics.	62.415f 44
Commune de Saint-Pierre.	15.000 00
Matériaux fournis par les intéressés.	10.600 00
Chambre de commerce de Bordeaux.	1.000 00
TOTAL.	89.015 44

Ces travaux furent complétés en 1893 par l'enlèvement des débris des anciennes jetées et en 1896 par la construction d'un perré de protection de la dune du Colombier et la reconstruction, en maçonnerie à mortier, de l'épi de la Loge. Enfin, en 1895, la maison-abri du canot de sauvetage fut reconstruite à l'emplacement actuel et, un peu plus tard, une cale de lancement fut établie.

Aussitôt ces travaux effectués, l'importance du port de la Cotinière augmenta, les bateaux de pêche attachés devinrent plus nombreux et, au moment de la saison, la surface d'abri offerte par la jetée devint bientôt insuffisante. En 1900, cette jetée fut prolongée de 5o mètres et à l'extrémité fut établi un feu fixe destiné à signaler l'entrée du port pendant la nuit; les dépenses s'élevèrent à 33.538f,39, dont 5.000 francs furent fournis par la commune de Saint-Pierre et les intéressés.

Le port était ainsi parfaitement abrité; malheureusement, il commença à s'ensabler. Le long de la côte Ouest de l'île d'Oléron se produit un cheminement général des sables du N. O. au S. E.; ces sables, arrêtés dans leur marche par la jetée-abri, s'accumulèrent dans l'angle Ouest de cette jetée, atteignirent le couronnement et se déversèrent par-dessus; il en fut de même à l'épi de la Loge, construit pour arrêter le sable avant son arrivée à la jetée. Des parapets de retenue, établis sur la jetée en 1902, sur l'épi en 1903, furent également surmontés, et le port s'ensabla de telle façon que sa surface d'abri diminua dans de notables proportions.

Depuis quelques années, l'ensablement est demeuré stationnaire et il semble qu'on soit arrivé à un état de régime. Aussi va-t-on, en 1910, déblayer le port et dresser le fond à la cote (+ 2,75); les travaux seront exécutés en régie; ils sont évalués à 27.000 francs, sur lesquels la commune de Saint-Pierre fournit une subvention de 9.000 francs.

Les dépenses faites au port de la Cotinière depuis 1862 sont les suivantes :

Subvention de la Marine de 1862 à 1867.	24.000f 00
Construction de la jetée-abri.	89.015 44
Déblaiement du port.	10.000 00
Construction d'un perré et reconstruction de l'épi de la Loge.	5.000 00
Prolongement de la jetée.	33.538 39
Déblaiement.	27.000 00
TOTAL.	188.553 83

Il est intéressant de remarquer que la population du port de la Cotinière, composée en grande partie de marins assez pauvres, s'est montrée de tout temps extrêmement énergique pour obtenir l'amélioration du port; elle construisit elle-même peu à peu les premiers ouvrages, les répara à maintes reprises, les déblaya après leur ruine, fournit pour la jetée-abri tous les matériaux nécessaires à l'aide de prestations, contribua par une collecte à son prolongement et enfin, pour les travaux actuels, s'impose par l'établissement d'un marché à poissons. Cette population est certainement digne de toute la bienveillance des pouvoirs publics.

CHAPITRE III.

DESCRIPTION DU PORT.

Les ouvrages composant le port de la Cotinière sont les suivants :

Une jetée de 245 mètres de longueur l'abritant contre les vents du S. O.;

Un épi, dit épi de la Loge, de 80 mètres de longueur, à 200 mètres environ à l'ouest de la jetée;

Un petit épi, dit épi du Colombier, à l'Est du port.

La jetée a une hauteur moyenne de 4^m,50 ; sa largeur en tête est de 3 mètres; le parement, côté du port, est incliné à 1/2 pour 1 et le parement du côté de la mer est profilé suivant une droite inclinée à 2 pour 1 et un arc de cercle de 2 mètres de rayon ayant son centre au niveau du couronnement et tangent à cette droite; la largeur à la base est ainsi de 12 mètres environ. Cette jetée est constituée par un massif à pierres sèches protégé par deux parements en maçonnerie à mortier de 0^m,80 d'épaisseur et une plate-forme également maçonnée de 0^m,65 d'épaisseur; des cloisons de refend maçonnées, de 1 mètre d'épaisseur et espacées de 8 mètres, réunissent les parements. L'ouvrage, fondé sur le rocher, a jusqu'ici parfaitement résisté à la mer, parfois assez violente sur cette côte de l'île surnommée *Côte sauvage,* et n'a jamais éprouvé aucune dégradation. A son extrémité, un musoir arrondi supporte une tourelle en maçonnerie contenant un feu fixe.

L'épi de la Loge a une hauteur moyenne de 2^m,40 et une largeur en couronnement de 2 mètres; il est construit dans le même système que la jetée.

Le petit épi du Colombier a 25 mètres de longueur; c'est uniquement un épi d'expérience destiné à vérifier si des apports notables de sable se faisaient de l'Est.

Actuellement, le sable s'avance jusqu'au milieu de la jetée; après les travaux de déblaiement qui vont être exécutés, le fond sera dressé horizontalement à la cote $(+2^m,75)$ jusqu'à une distance de 160 mètres de l'extrémité de la jetée, puis raccordé en pente douce avec le terre-plein existant au fond du port.

Pendant le jour, l'entrée du port est indiquée par 3 balises; la passe du large est reconnue par une balise jumelle et le clocher de Saint-Pierre d'Oléron.

CHAPITRE IV.

MOUVEMENT COMMERCIAL ET PÊCHE.

Le mouvement commercial est nul; la Cotinière est uniquement un port de pêche : 33 bateaux de pêche y sont attachés; le tonnage de ces bateaux varie de 12 à 18 tonneaux; une vingtaine de canots complètent la flottille du port. On pêche surtout la sardine, la crevette et le homard.

Le montant annuel de la pêche s'élève environ à 90.000 francs et tend à augmenter; une usine de conserves de sardines vient de s'y fonder.

TABLE DES MATIÈRES.

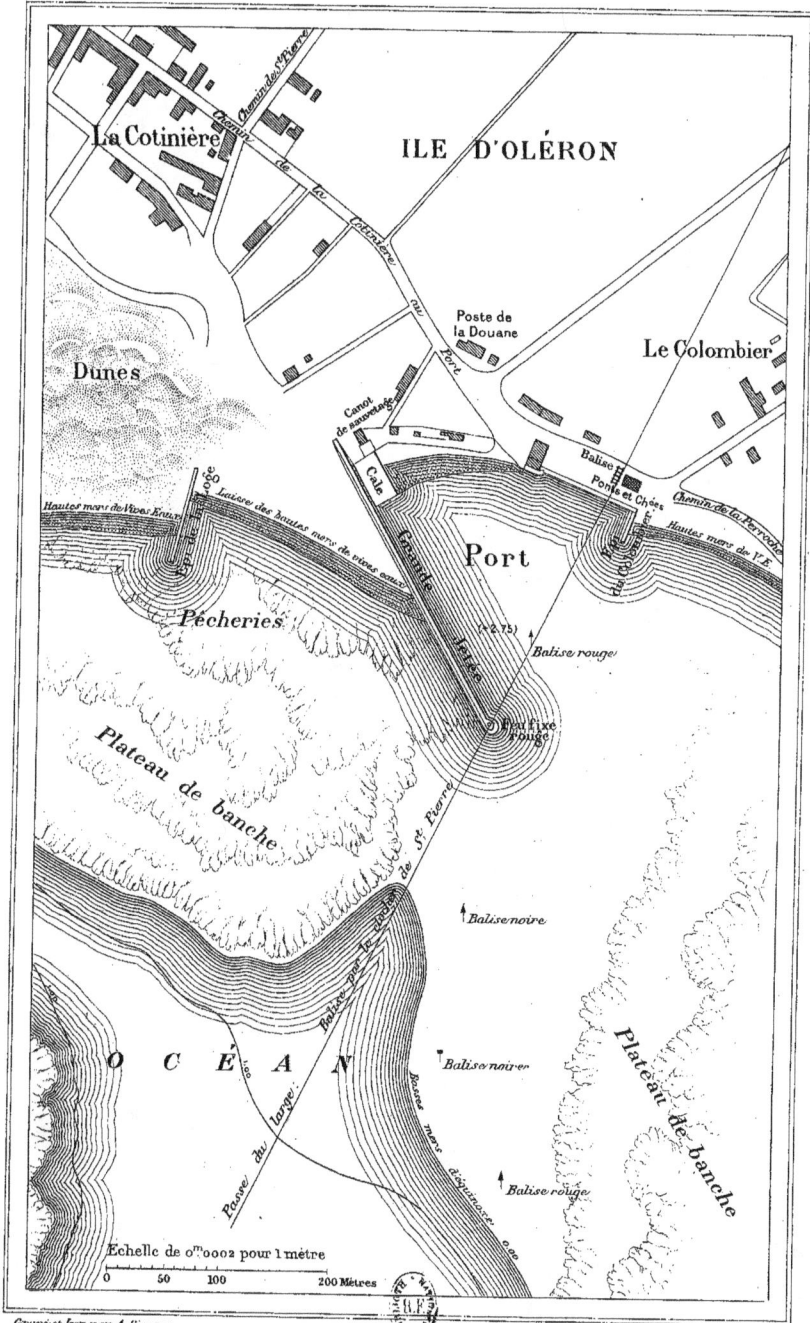

ILE D'OLÉRON

La Cotinière

Dunes

Poste de
la Douane

Le Colombier

Port

Pêcheries

Plateau de banche

OCÉAN

Plateau de banche

Balise noire

Balise noire

Balise rouge

Echelle de 0ᵐ0002 pour 1 mètre

| 0 | 50 | 100 | 200 Mètres |

Gravé et Imp. par A. Simon.

LA COTINIÈRE

1910

PORT DE ROCHEFORT.

1910

www.ingramcontent.com/pod-product-compliance
Lightning Source LLC
Chambersburg PA
CBHW060718280326
41933CB00012B/2479